故宫珍藏历代法书碑帖集字系列

智永草书集字与创作

故宫博物院编　紫禁城出版社

图书在版编目（ＣＩＰ）数据

智永草书集字与创作 / 故宫博物院编；姚焉编写.
—北京：紫禁城出版社, 2011.3
（故宫珍藏历代法书碑帖集字系列）
ISBN 978-7-5134-0096-1

Ⅰ.①智… Ⅱ.①故… ②姚… Ⅲ.①草书—书法
Ⅳ.①J292.113.4

中国版本图书馆CIP数据核字(2011)第034089号

《智永草书集字与创作》 故宫珍藏历代法书碑帖集字系列

总 策 划　王亚民　赵国英

主　　编　姚建杭　编写　姚　焉

责 任 编 辑　程同根　王　静

装 帧 设 计　吴涤生　刘　远

责 任 印 制　马静波

图 片 提 供　故宫博物院资料信息中心

出 版 发 行　紫禁城出版社

地址　北京市东城区景山前街四号

电话　〇一〇-八五〇〇 七八〇八　〇一〇-八五〇〇 七八一六

传真　〇一〇-六五一二 九四七九

邮编　一〇〇〇〇九

制　　作　北京圣彩虹制版印刷技术有限公司

印　　刷　保定市彩虹艺雅印刷有限公司

开　　本　八开

印　　张　十二

版　　次　二〇一一年四月第一版
　　　　　二〇一一年四月第一次印刷

书　　号　ISBN 978-7-5134-0096-1

定　　价　三十八元

诗中有画

3

正大光明

光

正

明

大

心领神会

李白·秋浦歌
炉火照天地　红星乱紫烟
赧郎明月夜　歌曲动寒川

乱

地

紫

红

烟

星

月　報

夜　郎

歌　明

川　曲　动　寒

李白　秋浦歌

斗方

举国同庆

10

行成于思

松风水月

与人为善

李白·独坐敬亭山

众鸟高飞尽　孤云独去闲

相看两不厌　只有敬亭山

飞　众

尽　鸟

孤　高

闲

云

相

独

看

去

只　两

有　不

敬　厌

亭

山

李白独坐敬亭山众中海玉

团扇

行云流水

万象更新

百川归海

宋之问·渡汉江

岭外音书绝　经冬复历春

近乡情更怯　不敢问来人

书　岭

绝　外

经　音

春　冬
近　复
乡　历

不　情

敢　更

问　怯

来

人

宋高渡漢江

言中海去

折扇

清旷高远

缘情体物

体

缘

物

情

28

福缘善庆

刘禹锡·视刀环
常恨言语浅　不如人意深
今朝两相视　脉脉万重心

30

人 浅 意 不 深 如

相　今

视　朝

脉　两

心　脉　万　重

张九龄·望月怀远
海上生明月　天涯共此时
情人怨遥夜　竟夕起相思

34

共 此 时

月 天 涯

遙

夜

竟

情

人

怨

36

夕

起

相

思

張九齡望月懷遠

虚能引和静能生悟

仰以察古俯以观今

己子年冬 高中海书于观云亭

今　俯

高中海士扵観云亭

以

观

朗月照人如鉴临水

雨润物自叶流根

乙子年冬 高中海书于观云亭

朗月照人如鉴临水 时雨润物自叶流根

人 朗

如 月

鉴 照

雨

临

润

水

物

时

44

根

自

叶

流

高中海 书於观云亭

美言不信信言不美

人善用用人善疑

己子羊冬
高中海
立於
觀雲亭

信　美

信　言

言　不

人　不

莫　美

用　疑

疑　用

人

莫

高中海 立於觀雲亭

49

罔谈彼短　靡恃己长

己子年冬 高中海书于观云亭

罔谈彼短我亦有短　靡恃己长谁人无长

短

罔

我

谈

亦

彼

恃
有
己
短
长
靡

长　谁

人

无

高中海 书於观云亭

水能性澹为吾友

心虚是我师

己子年冬高中海书于观云亭

水能性澹为吾友　竹解心虚是我师

澹 水

为 能

吾 性

心　　友

虚　　竹

是　　解

我

师

己亥年冬 高中海五於观云亭

庭小有竹春常在　山静无人水自流

竹

庭

春

小

常

有

無

在

人

山

水

静

自

流

己子年冬高中海士於観雲高

有关家国书常读 无益身心事莫为

国

书

常

有

关

家

身

读

心

无

事

益

莫

为

己子年冬高中海上於觀雲亭

古人所重在大节　君子于学无常师

重

古

在

人

大

所

于　节

学　君

无　子

常涛

师

己子年冬 高中海 五於 観雲亭

曲径每过三益友　小庭长对四时春

过　　　　曲

三　　　　径

益　　　　每

71

长　友

对　小

四　庭

时

春

己子年冬 高中海立於观云亭

精神到处文章老　学问深时意气平

深
时
意
老
学
问

气

平

己子年冬

高中海

五於

觀雲亭

淡如秋水闲中味　和似春风静后功

水　淡　闲　如　中　秋

春

味

风

和

静

似

后

功

己子年冬高中海上於観雲亭

虚能引和学习凉时手
如秋水

乙子年冬

似春风
静能生悟精神到处变淡

高中海书於范云斋

虚能引和学问深时平如秋水　静能生悟精神到处淡似春风

和

学

问

虚

能

引

如　深

秋　时

水　平

悟　静

精　能

神　生

似 到

春 处

风 淡

书法作品创作的三要素（正文　款文　印章）

正文的创作与章法：书法作品的正文是书写的主体内容，既可以是别人的诗、词、赋、联语及文章，也可以是自己撰述的内容。但无论选择别人的还是自己创作的，都要考虑到内容的优美以及与整体环境的协调。下面重点说明正文章法的创作要求，并引用前人论述，以备参考。

一、疏密有致　古人说：『疏处可以走马，密处不能容针。』这两句话正是书法创作的度世金针。……能写到疏至无可再疏，密至无可再密，到这时要方就方，要圆就圆，要长就长，要扁就扁，就可随心所欲，无所不宜了。（萧退庵）

疏处可以走马，密处不使透风；常计白以当黑，奇趣乃出。（邓石如）

也。（陈槱）

二、大小有姿　昔人云：『作大字要如小字，作小字要如大字。』盖谓大字则欲如小字详细曲折，小字则欲具大字之体格气势如作大楷，结构贵密，否则懒散无神，若太密恐涉于俗。作小楷易于局促，务令开阔，有大字之体段。（宋曹）

书之章法有大小，小如一字及数字，大如一行及数行，一幅及数幅，皆须有相避相形，相呼相应之妙。（刘熙载）

三、主次有度　一字之中，虽欲皆善，而必有一点、画、钩、趯、波、拂主之，如美石之韫良玉，使人玩绎，不可名言；一篇之中，虽欲皆善，必有一二字登峰造极，如鱼、鸟之有麟、凤为之主，使人玩绎，不可名言。（解缙）

四、浑然一体　古人论书，以章法为一大事，盖所谓『行间茂密』是也。……右军《兰亭叙》，章法为古今第一，其字皆映带而生，或大或小，随手所如，皆入法则，所以为神品也。（董其昌）

款文的创作与章法：

一字八面流通为内气，一篇章法照应为外气。内气言笔画疏密、轻重、肥瘦，若平板散涣，何气之有？外气言一篇虚实、疏密、管束、接上、递下、错综、映带，第一字不可移至第二字，第二行不可移至第一行。（蒋和）

款文的创作与章法： 书法作品除正文以外的内容都属于款文。款文的内容通常包括：书写内容的篇名或出处，作者的姓名即创作的时间、创作的地点、创作的感受或与创作相关的一些评论以及记录。有时还有受书者的名字。

一、名款 款文中最简单，也是必不可少的是名款。名款表明作品是由哪一位书家所创作的。作者署上名款，既可明确作品的著作权，同时也有助于鉴赏者、收藏者对作品进行欣赏和研究。署名款，通常涉及到姓氏、名字、别号、籍贯、郡望等常识。

附作者名款前常用礼语表：

名款前礼语	使用说明	举例	备注
愚×	表示自己缺乏才学的谦称	愚父　愚母　愚兄　愚弟　愚姊　愚妹　愚友　愚师	
后×　晚×　末×	表示自己辈份晚	后学　晚生　末学	

二、时间款 款文中记写年月，可以表明作者的创作时间，有利于收藏者识别作者不同时期的艺术特点，也便于研究者鉴别作品的真伪。

农历月份	异称	
	季节及气候变化等	
一月	孟春 元春 新春 始春 上春 早春 初春 端春	
二月	仲春 中春 酣春	
三月	季春 暮春 晚春	
四月	孟夏 首夏 初夏 始夏	
五月	仲夏	
六月	季夏 晚夏 暮夏	
七月	孟秋 初秋 新秋 上秋 首秋 早秋	
八月	仲秋	
九月	季秋 晚秋 暮秋	
十月	孟冬 上冬 开冬	
十一月	仲冬	
十二月	季冬 暮冬	

1984年	甲子	2004年	甲申	2024年	甲辰		
1985年	乙丑	2005年	乙酉	2025年	乙巳		
1986年	丙寅	2006年	丙戌	2026年	丙午		
1987年	丁卯	2007年	丁亥	2027年	丁未		
1988年	戊辰	2008年	戊子	2028年	戊申		
1989年	己巳	2009年	己丑	2029年	己酉		
1990年	庚午	2010年	庚寅	2030年	庚戌		
1991年	辛未	2011年	辛卯	2031年	辛亥		
1992年	壬申	2012年	壬辰	2032年	壬子		
1993年	癸酉	2013年	癸巳	2033年	癸丑		
1994年	甲戌	2014年	甲午	2034年	甲寅		
1995年	乙亥	2015年	乙未	2035年	乙卯		
1996年	丙子	2016年	丙申	2036年	丙辰		
1997年	丁丑	2017年	丁酉	2037年	丁巳		
1998年	戊寅	2018年	戊戌	2038年	戊午		
1999年	己卯	2019年	己亥	2039年	己未		
2000年	庚辰	2020年	庚子	2040年	庚申		
2001年	辛巳	2021年	辛丑	2041年	辛酉		
2002年	壬午	2022年	壬寅	2042年	壬戌		
2003年	癸未	2023年	癸卯	2043年	癸亥		

89

附二十四节气记日表			
立春	2月4/5日	立秋	8月7/8日
雨水	2月19/20日	处暑	8月23/24日
惊蛰	3月5/6日	白露	9月7/8日
春分	3月20/21日	秋分	9月23/24日
清明	4月4/5日	寒露	10月8/9日
谷雨	4月20/21日	霜降	10月23/24日
立夏	5月5/6日	立冬	11月7/8日
小满	5月21/22日	小雪	11月22/23日
芒种	6月5/6日	大雪	12月7/8日
夏至	6月21/22日	冬至	12月21/22日
小暑	7月7/8日	小寒	1月5/6日
大暑	7月23/24日	大寒	1月20/21日

三、地点款　书家创作或在自己的书斋，或在旅途，或在其他场所。不少书家喜欢将作书的地点记入款文，或署于名款前，或署于名款后。常署为『于某处』或『书于某处』等。

四、跋语款　跋有书家自己的跋和他人的跋两类。他人的跋不属于书法作品款文的范围，故此不述。跋语款的内容主要包括书法作品正文的篇名、释文、正文作者，以及书家自己评点正文，或记事言情，或表露心境的文字。跋语相对于书法作品的正文来说虽然仅占一块小天地，但却是书家和欣赏者彼此沟通的重要之地。

五、上款　所谓『上款』也就是受书人的姓名。有上款的，称作『双款』，无上款的则称作单款。上款姓名下的称谓，及上款的前缀和后缀礼语，是一个需要十分注意的问题，前人对此都很讲究。

90

附上款称谓礼语表

上款称谓礼语	使用说明	举例	备注
先生	古时称年长有学问的人 后世友人之间泛以先生称之	××先生 ××学长先生 ××学长兄先生 ××老先生	多称年老位高者为老先生
大人	对长者的尊称	父亲大人 母亲大人 伯父大人 伯母大人 ××先生大人 ××大兄大人	
丈 老丈 老词丈 老宗台 老父台	对前辈或年长有道的人的尊称	××丈 ××老丈 ××老词丈 ××老宗台 ××老父台	
法家 方家 大方家	对在书法方面有一定造诣的人的尊称	××法家 ××方家 ××大方家	
夫子 业师 老师	对书画者老师的尊称	××夫子 ××业师 ××老师	
上人 大法师 大德	对和尚或道士的尊称	××上人 ××法师 ××大法师 ××大德	亦可称「道长」或「有道」
女史 女士 夫人	「女史」对女性的尊称 「女士」对青年女性的尊称 「夫人」对成年女性的尊称	××女史 ××女士 ××夫人	青年女性也可称「小姐」
年×	尊称父辈或与自己同年应试并考中的人	年伯 年叔 年兄	
世×	尊称两家世代有交情的人	世伯 世叔 世兄	
盟×	古时异性结拜为兄弟的	盟兄 盟弟	「兄」是同辈人的尊称 志同道合的同辈人可称「道兄」
姻×	间接姻亲关系，如需表明可加「姻」字	姻伯大人	

上款称谓礼语	使用说明	举例	备注
恩×	对书写者有恩德的长者的尊称	恩伯　恩叔　恩兄　恩姊	「兄」是同辈人的尊称。志同道合的同辈人可称「道兄」
吾×	表示非常亲密的关系	吾伯　吾叔　吾兄　吾姊	
仁×	对品德高尚者的尊称	仁伯　仁叔　仁兄　仁姊　仁弟（棣）	「仁弟」用于老师对学生的称呼，除此还有「门生」「弟子」等
贤×	尊称平辈和晚辈中品行优良的人	贤兄　贤妹　贤姊　贤侄　贤婿　贤弟　贤契	「贤弟」「贤契」用于老师对学生的称呼
大×	对长者的尊称	大父（父亲）大伯（伯伯）大叔（叔叔）大母（母亲）大王父（祖父）	
尊×	对他人亲属中的长者及其某些同辈的尊称	称人之父亲为「尊公」「尊椿」「尊长」，称人之母亲为「尊堂」「尊萱」，称人之兄为「尊兄」，称人之妻为「尊夫人」	「尊大人」称人父母时通用，合用
令×	对他人亲属中的长辈、平辈和晚辈的尊称	称他人之父为「令尊」「令严」，称他人之母为「令堂」「令慈」，称他人岳父为「令泰山」，岳母为「令泰水」。称他人兄弟姊妹为「令兄」「令弟」「令姊」「令妹」。称他人儿子、女儿、女婿为「令郎」「令媛」「令坦」	

附上款的前缀和后缀礼语表

上款前缀礼语	使用说明	举例	备注
赠、与、呈、寄	书家主动将作品送人	赠×× 与×× 呈×× 寄××（正）	前缀语通常用「呈」后缀语通常用「正」
应奉	书家应求书者之请作书，而求书者与书家关系亲密或为长辈	应××命 奉为××书 奉寄××	
似	「似」是「给」的意思	似×× 似××雅鉴 正似××	后缀语通常用「正」
为	可用于他人求书而书写，亦可用于主动送人之书	为××书，书为×× 正	「书为」有请求之意
祝	为他人祝寿而书写，用奉祝、恭祝、寄祝、写祝	奉祝××八十荣寿 奉祝××寿 为……华寿 寿××	受贺者的年龄或写，如「五十寿」「六十寿」（花甲）「七十寿」（七秩）「八十寿」（八衰），或不写，或只写「眉寿」「华寿」等。

上款后缀礼语	使用说明	举例	备注
正	要求受书者指正的	××正 ××正之 ××正腕 ××指正 ××正笔 ××郢正 ××惠正 ××雅正	如果书写的内容为书者自撰则用「两正」。「雅」有赞扬受书者高雅之意。「惠」含有感激之意。如作品是送给同辈或晚辈夫妻的，可在夫名下加一「俪」字，作「俪正」「俪教」。
教	要求指教的	××指教 ××赐教 ××雅教 ××惠教	
鉴	要求受书者鉴赏并给予批评	××鉴 ××赏鉴 ××赐鉴 ××大鉴 ××雅鉴 ××清鉴 ××惠鉴	
属	书家应求书者之请而作	××属 ××雅属 ××属书	
哂笑	表示书家对受书者的谦态	××一笑 ××哂为 ××一哂 ××博笑	
留念 存念 惠念 补壁		××留念 ××存念 ××补壁 ××惠念	

印章的种类与应用： 印章是书法作品中不可缺少的组成部分，没有印章就不是完整的书法作品。印章源于实用，是社会交往中取信于人的凭证。印章如果运用得巧妙，还能起到调整重心，稳定平衡的作用。闲章运用得体，还可以寄托作者的情趣和抱负。

一、姓名章　姓名章是题款署名用章。姓名章分为朱文和白文两种，形式以正方形为主。一幅书法作品上，如果用两方姓名印，可以一白一朱，两印的大小宜相当才好。古人多字号，所以姓名章与字号章往往同时使用，先姓名章后字号章，一白一朱互相映衬。

无字号的，通常把姓名章和斋、室名的章同时使用，白、朱相配。

二、闲章　闲章包括引首章、压角章、拦边章。引首章的内容通常为籍贯、斋号、古语、年月时令，以及反映作者情趣志向的词语。压角章多为方形或圆形，内容多为作者的年龄、斋堂号和籍贯等。拦边章可以起到拦边聚气或补充空白的作用。

三、铃印的方法　书法作品上的印章，如果铃盖不当，就会破坏整幅作品的艺术效果。因此铃印要十分讲究才能达到锦上添花的目的。铃印的位置要恰当。印章的大小要与书写文字的大小协调。印章的风格，应与作品书体的风格协调一致。印色的浓淡，应与墨色相协调。墨色淡雅之作，宜用朱文印，则易得和谐之妙。墨色浓重之作宜用白文印，使鲜艳的红色与浓重的墨色形成强烈的对比，相映成趣。印章的数量以恰到好处为妙，多了不觉多，少了不觉少，就是恰到好处。

初学书法，碰到的第一个难题，往往是碑帖中的字经过历史的风侵雨蚀之后多有残损，不仅内容难以卒读，有时连结构也难以辨别。至于有一定临帖水平的朋友，也常常为从临帖进入创作犯难。故而自古就有『集字』之举，至少可应这两个方面的需要。

古代的『集字』有两种情况。一是根据内容的需要从某一碑帖中集字；一是根据某碑帖中的字创作内容。二者各有利弊，前者内容精美，而往往有某碑帖中所无之字需要集字者去『创造』，如果『创造』得好，可称完璧。后者虽可做到字字精美，不免有削足适履之憾。故成为经典流传后世的往往是前者，最为显赫著名的如唐怀仁的《集王圣教序》，可以说是内容与形式的完美结合。

因此本套『故宫珍藏历代法书碑帖集字系列』，乃采取前人的第一种方法来『集字』，即先精心挑选内容，这些内容多是大家耳熟能详的成语、名联及古诗，然后根据内容从某碑帖中精心选字。凡碑帖中所无之字，皆根据原帖的风格特点、结字规律，通过电脑的高端技术进行『创造』，并达到几可乱真的程度。现代的科学技术是古人所不敢梦想的，因而在『造字』方面也可以显示出比古人更大的优势。内容与形式由此可达到高度完美的统一。如此一套在手，不仅可以欣赏到书法艺术的美，也可以受到历史文化及文学艺术的熏陶。

同时这套书又有别于古代的『集字』之作，她还是书法学习者的良师益友，作者为书法学习者从临帖到创作，从内容到形式作了精心的设计。为临帖方便，所选之字皆是原帖中精美而具代表性的范字，并将其置于米字格中。为便于创作的借鉴，作者设计了不同形制的作品样式，从章法布局到署款方式都作了示范。在内容的安排上，有成语、联语及古诗，这样内容与形式的结合方面也体现了相得益彰的效果。如此一套在手，又不止可以享受书法与文学之美，更可有由临帖入创作之功效。故而衷心希望此举能为广大书法爱好者与学习者提供艺术的指导与文化的提升。

故宫珍藏历代法书碑帖集字系列

魏碑集字与创作	汉简草书集字与创作
颜体集字与创作	怀素草书集字与创作
柳体集字与创作	皇象章草集字与创作
欧体集字与创作	孙过庭草书集字与创作
褚体集字与创作	王羲之草书集字与创作
赵体集字与创作	曹全碑集字与创作
王羲之行书集字与创作	汉简隶书集字与创作
颜真卿行书集字与创作	纪泰山铭集字与创作
苏东坡行书集字与创作	石门颂集字与创作
米芾行书集字与创作	史晨碑集字与创作
文徵明行书集字与创作	张迁碑集字与创作
敦煌行草集字与创作	西狭颂集字与创作
智永草书集字与创作	礼器碑集字与创作

乙瑛碑集字与创作

清人隶书集字与创作

吴让之篆书集字与创作

篆书集字与创作

96